¡A CONVERSAR!
2nd Edition

1

Tara Bradley Williams

Special thanks to Rebecca Cuningham, Jodie Parys, PhD,
Maribel Borski, Lidia Lacruz Amorós & Vandre Graphic Design, LLC

¡A Conversar! 1: Student Workbook (2nd Edition)

ISBN: 978-1-934467-68-8

Tara Bradley Williams

Published by Pronto Spanish, P.O. Box 92, Lake Mills, Wisconsin 53551 (www.prontospanish.com)

Table of Contents

¡Bienvenidos!

You are about to embark upon a hands-on, fun Spanish conversation course that is probably unlike most courses you have taken in the past. All of our activities try to "immerse" you into real-life Spanish and push your conversational skills to the limit. Whether you are a true beginner or someone who has taken a few previous Spanish classes, rest assured that our focus is to get you to speak and use the language and to move your Spanish skills on to the next level.

At Pronto Spanish, we do not try to inundate you with grammar rules, but rather, give you "just enough" to help you communicate—no more, no less. Throughout this series, we use a teaching method called "Total Physical Response (TPR)" and "Total Physical Response Storytelling (TPRS)" (aka "Teaching Proficiency through Reading & Storytelling") Once you learn basic words and phrases by doing actions through TPR, you will then immediately apply these words into "stories," in order to help you get a sense of the language and its structure. This method was designed after watching babies and children acquire languages. Children do not, afterall, memorize verb charts. Rather, they learn words and grammar structures through context.

We do not strive to be "all things to all people," but rather, we focus on providing quality exercises and fun stories to help you acquire the language. If you feel like you need more grammar explanations, please go to your local bookstore or ask your instructor for recommendations on one of the many wonderful Spanish grammar books that would fit your needs.

If you have any comments or suggestions on how we can improve this course and workbook, please write us at: comments@prontospanish.com. We look forward to hearing from you!

Tips for Learning Spanish

- RELAX! Let your guard down and have some fun. Remember many Spanish-speakers and immigrants try just as hard to learn English!

- Listen for "cognates" (words that sound similar in Spanish and English). For example, "communication" is "comunicación."

- Use your face and hands to express yourself. Gesturing, pointing, and touching things all help to convey the message.

- Focus on the "big picture." Your goal is to communicate, not to understand each and every word. If you do not understand a few words (or even sentences at a time), listen for the overall message.

- Practice Spanish every chance you get. Listen to the Spanish radio and television stations, use the Spanish language or subtitle options on your DVD player, or even travel to Spanish-speaking countries. Best of all, practice with your co-workers and Spanish-speaking neighbors as much as possible.

6

Lección 1

- Survival Phrases
- Greetings
- Commands
- Colors

Palabras necesarias
(Survival Words)

¿Cómo se dice _____?	*How do you say _____?*
¿Qué significa _____?	*What does _____ mean?*
No comprendo/No entiendo.	*I don't understand.*
No sé.	*I don't know.*
Repite, por favor.	*Repeat, please.*
Perdón.	*Pardon me (for an interruption)*

Saludos e introducciones
(Greetings/Introductions)

Hola

Buenos días

¿Cómo te llamas?

Buenas tardes

Me llamo _____.

Buenas noches

Frases de "TPR" y los cuentos
(TPR and Story Phrases)

Instrucciones: Dibuja las siguientes palabras
Instructions: *Draw the following words.*

levántate	hay
siéntate	chico
camine	tiene
baile	le dice

Cuento de TPRS

CUENTO: Juan y Gloria

Instrucciones: Dibuja o escribe el cuento de la clase.
Instructions: *Draw or write the story from class.*

Los colores
(Colors)

Instrucciones: Indica el color apropiado con un creyón o lapiz de color.
Instructions: *Indicate the appropriate color using a crayon or colored pencil.*

rojo	azul
verde	amarillo
blanco	negro
morado	rosado
naranja/anaranjado	café / pardo / marrón

11

Activdad: BINGO de colores
(Color BINGO)

Instrucciones: Haz una tarjeta de BINGO. Colorea los cuadros con 5 colores distintos en cada columna.

Instructions: *Make your own BINGO card. Color the boxes using 5 different colors per column.*

B	I	N	G	O
		LIBRE		

B	I	N	G	O
		LIBRE		

Cuento de TPRS

CUENTO: Ana y el perro

Instrucciones: Dibuja o escribe el cuento de la clase.
Instructions: *Draw or write the story from class.*

Lección 2

- Food: Gazpacho recipe ingredients
- Cooking action
- Numbers 0-9

La comida
(Food)

el **tomate**

el **pepino**

el **pan**

el **tazón**

el **ajo**

el **aceite** y
el **vinagre**

la **sal**

el **cuchillo**

el **pimiento**

la **cebolla**

la **licuadora**

la **cuchara**

Acciones usadas en recetas
(Actions used in recipes)

lava

mezcla

agrega

corta

come

huele

Otro vocabulario:

Receta para Gazpacho Andaluz
(Recipe for Andalucian Gazpacho)

INGREDIENTES

- 5-6 tomates, cortados en 8 pedazos
- 1/2 pepino, cortado en cubitos
- 1 pimiento pequeño, en 4 pedazos
- 1/2 cebolla, cortada en cubitos
- 3-4 dientes de ajo
- un pedazo grande de pan viejo
- aceite de oliva
- vinagre
- sal

MEZCLAR

Mezcla los primeros seis ingredientes (tomate, pepino, pimiento, cebolla, ajo, pan) en una licuadora. Mezcla con alta velocidad hasta que sea puré. Mezcla hasta que el pan absorba todo el líquido.

AGREGAR

Agrega un poco de aceite, vinagre, y sal al gusto. Enfría el gazpacho hasta que esté listo para servirlo.

En la mesa, pon platos de tomates cortados en cubitos, pepinos, pimiento, cebollas, y pan seco y deja que los amigos se sirvan.

INGREDIENTS

- 5-6 medium tomatoes, cut into eighths
- 1/2 cucumber, cut into chunks
- 1 small bell pepper, quartered
- 1/2 medium onion, cut into chunks
- 3-4 cloves of garlic
- chunk of stale, crusty bread (the leftover end of a baguette works well)
- olive oil
- red wine vinegar
- salt

MIX

Mix the first six ingredients in a blender. Mix on high speed until pureed. The bread acts as a thickener; mix until the liquid absorbs all of the bread.

ADD

Add a splash of oil, vinegar and salt to taste. Chill the gazpacho until serving time.

Set out dishes of diced tomatoes, cucumbers, bell pepper, onions, and croutons, and let your friends help themselves.

Cuento de TPRS

CUENTO: La fiesta

Instrucciones: Dibuja o escribe el cuento de la clase.
Instructions: *Draw or write the story from class.*

Los números

(Numbers)
0-9

Instrucciones: Indica el número apropiado con su signo númerico.
Instructions: *Indicate the appropriate number by writing its numerical symbol.*

cero	cinco
uno	seis
dos	siete
tres	ocho
cuatro	nueve

El juego: ¡A Pescar!
("Go Fish")

ASK:
"¿Tienes _____?" *(Do you have ___?)*

ANSWER:
"Sí, lo tengo." *(Yes, I have it.)*

OR

"No, no lo tengo." *(No, I don't have it.)*

OTHER

Te toca	*Your turn*
Barajar	*To shuffle*
Dar	*To deal*

FACE CARDS

Sota	*Jack*
Reina	*Queen*
Rey	*King*

Lección 3

- Parts of the Body
- Spanish Pronunciation

Las partes del cuerpo
(The Parts of the Body)

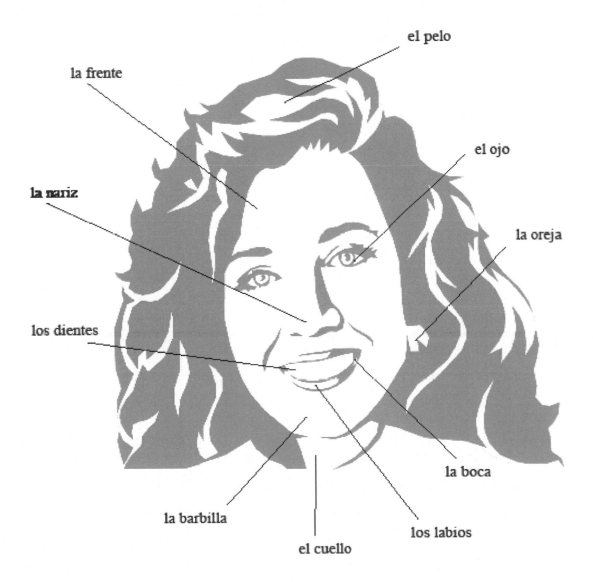

el pelo

la frente

el ojo

la nariz

la oreja

los dientes

la boca

la barbilla

los labios

el cuello

Las partes del cuerpo
(The Parts of the Body)

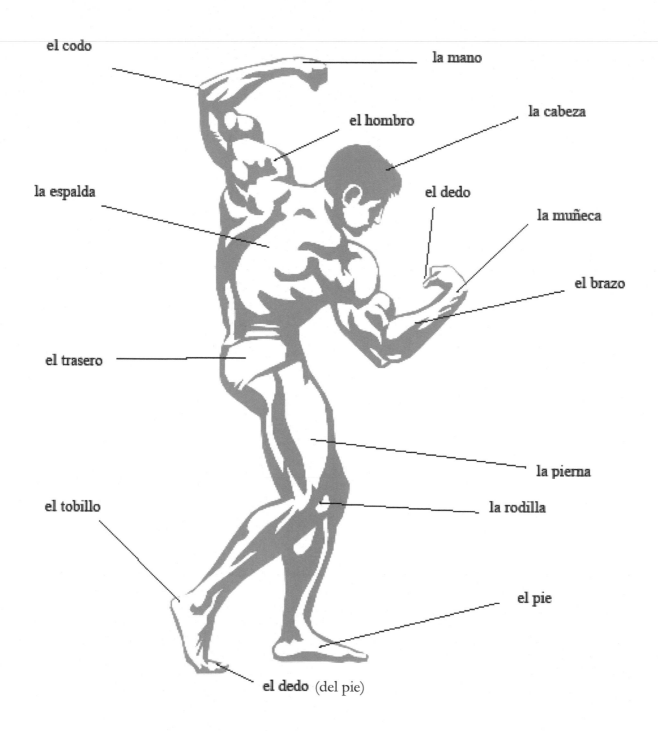

el codo

la mano

el hombro

la cabeza

la espalda

el dedo

la muñeca

el brazo

el trasero

la pierna

el tobillo

la rodilla

el pie

el dedo (del pie)

El juego "Simón dice..."
(Simon Says...)

Instructions: Use the following to play "Simón dice." Remember that you MUST hear "Simón dice" before you can do the action!

ESPAÑOL	INGLÉS	EJEMPLO
toca	touch	Toca el brazo.
levanta	raise	Levanta la mano.
señala	point to	Señala el pie.

La canción "Cabeza, hombros rodillas, pies"
(Head, Shoulders, Knees, and Toes)

Instructions: Sing along with the Spanish version of the children's song, "Head, Shoulders, Knees, and Toes" *(Note that in this version, we are going to sing the Spanish word for "feet" instead of "toes.")*

Cabeza, hombros, rodillas, pies
rodillas y pies, (2x)
Ojos, orejas, boca, y nariz
Cabeza, hombros, rodillas, pies
¡rodillas y pies!

Actividad: Dibujar a una persona
(Draw a Person)

Instrucciones: Escucha las instrucciones y dibuja a una persona.

Me duele...
(My ___ hurts...)

To ask someone "What hurts?", say:

PREGUNTA: ¿Qué le duele?
kay lay DWELL-ay

RESPUESTA: **Me duele/n*** _____ *(My ____hurts.)*
may DWELL-ay/ain

Ó

Le duele/n _____ *(His/her _____ hurts.)*
lay DWELL-ay/ain

Ejemplos:
Médico: ¿Qué le duele?
Paciente: Me duele la cabeza.

Médico: ¿Qué le duele?
Paciente: Me duelen las piernas.

PREGUNTA ESPECÍFICA: ¿Le duele _____?

Ejemplos:
Madre: ¿Le duele la pierna?
Hijo: No, no me duele la pierna. Me duele el pie.

*NOTA: Use the verb "duelen" when talking about more than one body part.

For example:
Me duelen los ojos.
Me duelen los dedos.
Me duelen los pies.

Cuento de TPRS

CUENTO: Pobre Jaime

Instrucciones: Dibuja o escribe el cuento de la clase.
Instructions: *Draw or write the story from class.*

<table>
<tr><td></td><td></td></tr>
<tr><td></td><td></td></tr>
<tr><td></td><td></td></tr>
</table>

Pronunciación en español
(Spanish Pronunciation)

Las vocales (The Vowels)

Spanish pronunciation is actually very easy once you get the hang of it. The secret is learning the 5 vowel sounds and pronouncing them the same way each time you see the vowel.

a	(ah)	like yacht
e	(eh)	like cake
i	(ee)	like see
o	(oh)	like open
u	(oo)	like spoon

Now practice these familiar Spanish words. Remember to clearly pronounce each vowel distinctly!

a	amiga, La Bamba, salsa, cha-cha-cha
e	elefante, excelente, cerveza, tres
i	sí, gringo, Lidia, El Niño
o	ocho, no, loco, zorro, pronto
u	uno, burrito, mucho, Uruguay

Pronunciación en español
(Spanish Pronunciation)

Las consonantes (The Consonants)

The majority of the Spanish consonants sound the same in Spanish as in English. Here are some of the ones that may cause confusion.

c   Has 2 sounds, like in English
1. k sound: like "c" as in cat
Ejemplos: coco, carro, Colorado, caliente

2. s sound (followed by e or i): like "c" as in celery
Ejemplos: Celia, cine, cinco, centro

g   Has 2 sounds
1. g like "g" as in go
Ejemplos: guacamole, gracias, grande, gordo

2. h (followed by e or i) like the "h" sound in hello
Ejemplos: general, gente, gimnasio, gigante

h   Has no sound. Don't pronounce it.
Ejemplos: hola, hoy, hasta, hospital

Otros (Others)

Letras	Sonido	Explicación	Ejemplos
j	h	Like hat	junio, Japón, jefe, joven
ll	y	Like yes	llamo, llave, lluvia, llorar
ñ	ny	Like canyon	mañana, señora, España, piña colada
qu	k	Like king	tequila, qué tal, queso, poquito
v	b	Like boy	vino, vista, viva, Victor
z	s	Like sat	Venezuela, Lopez, cerveza, González

Pronunciación en español

Spanish Pronunciation Tips

- Try to roll your Rs for words with double Rs, "rr", or words that begin with the letter "r." (Práctica: carro, perro, rojo, rápido, ferrocarril) As an alternative, use a soft "d" sound.

- If there is an accent mark, say that section of the word with more emphasis. (Práctica: María, capitán, romántico)

- If there is no accent mark on a word and it ends in a consonant, say the last part of the word with more emphasis. (Práctica "español" and "dolor")

- If a word ends in a vowel (a, e, i, o, u), say the 2nd to last part of the word with more emphasis. (Práctica: amigo, taco, la cucaracha, enchilada)

Lección 4

- More Greetings & Introductions
- Numbers 10-1000
- Likes & Dislikes

Frases de conversación
Saludos (Greetings)

¿Cómo estás? OR ¿Qué tál? (informal)	• Muy bien (++) • Bien (+) • Más o menos (+/-) • Así así (+/-) • Regular (+/-) • Mal (-) • Muy mal (- -)
¿Qué pasa? (informal)	• Todo bien (+) • Nada (0)
¿De dónde eres?	Soy de _(Puerto Rico)_.
¿Hablas inglés? ¿Hablas español?	• Sí (+) • Un poco _(some)_ • Un poquito _(very little)_ • No (-)

Cuento de TPRS

CUENTO: Amigos

Instrucciones: Dibuja o escribe el cuento de la clase.
Instructions: *Draw or write the story from class.*

Los números
10-19

Instrucciones: Indica el número apropiado con su signo númerico.

diez	quince
once	diez y seis
doce	dicz y siete
trece	diez y ocho
catorce	diez y nueve

PISTA: For numbers 16-19, all you are saying is 10 plus the second number.
(16 = ten and six, "diez y seis")

Los números
20-1000

Instrucciones: Indica el número apropiado con su signo númerico.

veinte	setenta
treinta	ochenta
cuarenta	noventa
cincuenta	cien / ciento
sesenta	mil

PISTA: As with the "teen" numbers, all you do is add "y" (meaning "*and*") along with the second number. For example, "21" would be "veinte y uno" and "45" would be "cuarenta y cinco."

NOTA: "Cien" is <u>only</u> used for "100" *on the dot*. Use "ciento" for 101 and above.

Matemáticas

Instrucciones: Escribe los problemas de matemáticas de tu maestro y/o pareja.
Instructions: *Write down the math problems from your instructor and/or partner.*

Actividad – Los números de teléfono
(Telephone Numbers)

Persona A

ESCRIBIR (WRITE):

There is a party for Spanish-speaking employees at your company. Obtain the telephone numbers for the following people in order to invite them. Read the name and your partner will read you the phone number. Write the number you hear in the space provided.

¿Cuál es el número de teléfono de _____?

1. Sara León _____
2. Benito Guzmán _____
3. Dolores Arenas _____
4. Francisco Camacho _____
5. Tomás Jiménez _____
6. Raquel Montero _____
7. Humberto Diaz _____
8. Mariana Morales _____
9. Roberto Concejo _____
10. Marta Mesero _____
11. Ricardo Castro _____
12. Jose Marquez _____

LEER (READ):

Your partner needs the phone numbers on the following list. Be prepared to read them. (NOTE: People in Spanish-speaking countries usually pause twice when they say telephone numbers. For the number 227-3125, many would say 227-31-25 (dos, dos, siete, treinta y uno, veinte y cinco.)

El número de teléfono es _____.

Juana Penalosa	725-1428
Lidia Cárdenas	876-6769
Gloria Ochoa	284-1321
Mateo López	725-2227
Enrique Suárez	309-2610
Pilar Hernández	722-1530
Jaime Rivas	309-2119
Alicia Mantilla	283-1825
Susana Torreón	825-1849
Alfonso Torres	863-9492
Pedro Ortiz	321-4856
Pablo Martín	286-2912

Actividad: Los números de teléfono
(Telephone Numbers)

Persona B

LEER (READ):

Your partner needs the phone numbers on the following list. Be prepared to read them. (NOTE: People in Spanish-speaking countries usually pause twice when they say telephone numbers. For the number 227-3125, they would say 227-31-25 (dos, dos, siete, treinta y uno, veinte y cinco.)

El número de teléfono es _____.

Dolores Arenas	722-1930
Francisco Camacho	332-1522
Humberto Diaz	527-2817
Jose Marquez	884-4275
Tomás Jiménez	331-2016
Raquel Montero	527-2611
Mariana Morales	333-2331
Benito Guzmán	286-1327
Ricardo Castro	284-1014
Sara León	286-2412
Roberto Concejo	851-4020
Marta Mesero	451-7526

ESCRIBIR (WRITE):

There is a party for Spanish-speaking employees at your company. Obtain the telephone numbers for the following people in order to invite them. Read the name and your partner will read you the phone number. Write the number you hear in the space provided.

¿Cuál es el número de teléfono de _____?

1. Enrique Suárez _____

2. Mateo López _____

3. Gloria Ochoa _____

4. Pablo Martín _____

5. Juana Penalosa _____

6. Alicia Mantilla _____

7. Jaime Rivas _____

8. Pilar Hernández _____

9. Alfonso Torres _____

10. Pedro Ortiz _____

11. Lidia Cárdenas _____

12. Susana Torreón _____

Frases de conversación con "gustar"
(Likes / Dislikes)

It is easy to make basic conversation by asking people what they like and do not like. Your Spanish-speaking co-workers and neighbors can also get to know you better this way as well!

To ask someone if they LIKE something, say:	**To ask someone what they like TO DO, say:**
PREGUNTA (QUESTION):	**PREGUNTA (QUESTION):**
¿Le gusta _____ ?	¿Qué le gusta hacer? (**HACER** *means* "TO DO".)
RESPUESTA (ANSWER):	**RESPUESTA (ANSWER):**
Sí, me gusta _____. (*Yes, I like ____.*)	Me gusta _____.
OR	
No, no me gusta _____. (*No, I do not like____.*)	

Actividades posibles

leer	*read*	mirar la televisión	*watch tv*
comer	*eat*	ir al cine	*go to the movies*
jugar al / mirar el	*play / watch*	tocar el piano	*play piano*
• baloncesto	• *basketball*	trabajar en el jardín	*work in the garden*
• golf	• *golf*	estar con mi familia	*be with my family*
• beísbol	• *baseball*	hacer ejercicio	*exercise*
• fútbol	• *soccer*	viajar	*travel*
• fútbol americano	• *football*	cocinar	*cook*
• tenis	• *tennis*	estar con amigos	*spend time with friends*

Actividad: Entrevista de interéses
(Interest Survey)

Instructions: Go around the room and ask people what they like to do. When someone likes an activity, have him/her initial the appropriate box. (Maximum 2 boxes per person.)

PREGUNTA: ¿Le gusta _____?

RESPUESTA: Me gusta _____ OR No, no me gusta _____.

Jugar al golf	Escuchar música	Comer	Mirar fútbol americano
Viajar	Cocinar	Leer	Trabajar en el jardín.
Estar solo	Jugar al baloncesto	Tocar un instrumento	Ir al cine
Jugar con computadoras	Trabajar	Escribir	Estar con tu (mi) familia

Lección 5

- Family
- Time

Cuento de TPRS

CUENTO: La mujer

Instrucciones: Dibuja o escribe el cuento de la clase.
Instructions: *Draw or write the story from class.*

La familia – Mis parientes
(The Family – My Relatives)

abuelo/a	grandfather/grandmother	sobrino/a	nephew/niece
padre	father	esposo/a	spouse
madre	mother	padrino/madrina	godfather/godmother
hijo/a	son/daughter	parientes	relatives
hermano/a	brother/sister	padrastro	step-father
nieto/a	grandson/granddaughter	madrastra	step-mother
tío/a	uncle/aunt	hijastro/a	step-son/daughter
primo/a	cousin	hermanastro/a	step-brother/sister

Instructions: Practice asking who people are in the family, using "¿Quién es _____?" (Who is _____?).

Ejemplos:

¿Quién es el hermano de Susana?

¿Quién es el sobrino de Juana?

¿Quién es el hijo de Juan?

42

Actividad: Árbol de la familia

Instructions: Draw your own family tree in the space provided, labeling each family member with a Spanish word. When finished, ask your partner the following questions about his/her family. Be prepared to answer the same questions regarding your family.

PREGUNTAS:

1. ¿Cómo se llama tu madre?
2. ¿Tienes *(do you have)* hijos? ¿Cúantos? *(How many?)*
3. ¿Tienes hermanos? ¿Cómo se llaman?
4. ¿Cómo se llaman tus abuelos?
5. Ask at least 5 more questions pertaining to your partner's family.

La hora
(Time)

PREGUNTA: ¿Qué hora es? (What time is it?)
kay OAR-ah ess

POSIBLES RESPUESTAS:

* For times in the 1 o'clock hour, use:

Es la una   (It is 1:00)
ess la OO-nah

                              Ó

Es la una y ___. (It is 1:_ _)
es la OO-nah ee ___
(Ejemplo: Es la una y veinte = 1:20)

* For all other times, use:

Son las __.   (It is _ :00)
sown lahs __
(Ejemplo: Son las tres = 3:00)

                              Ó

Son las ___ y ___.   (It is _ : _ _)
sown lahs ___ ee ___
(Ejemplo: Son las cuatro y diez = 4:10)

NOTA: To say "**At what time?**", you use "**¿A qué hora?**".

To answer that question, use:
"**A las ____**" (instead of "son las _____.")

Ejemplo:
PREGUNTA: ¿A qué hora es el concierto?

RESPUESTA: A las ocho.

NOTA: 24 – Hour Clock
Many Spanish-speaking countries use the 24-hour clock for travel times and appointments to avoid confusion.

Ejemplos:
13:00 = 1 pm, 18:30 = 6:30 pm

(Subtract 12 from the time to find the PM time)

Ejemplos de la hora

¿Qué hora es?

Es la una.
(ess la OO-nah)

Es la una y diez.
(ess la OO-nah ee dee-ACE)

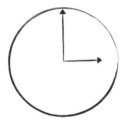

Son las tres.
(sown lahs trace)

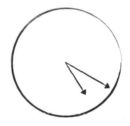

Son las cinco y veinte.
(sown lahs SEEN-koh ee BAIN-tay)

Son las ocho y quince.
(sown lahs OH-choh ee KEEN-say)

o

Son las ocho y cuarto.
(sown lahs OH-choh ee KWAR toh)

Son las diez y treinta
(sown lahs dee-ACE ee TRAIN-tah)

o

Son las diez y media.
(sown lahs dee-ACE ee MAY-dee-ah)

5:50

Son las seis menos diez.
(sown lahs sase MAY-nose dee-ACE)
It is 6 o'clock minus 10 minutes.

10:40

Son las once menos veinte.
(sown lahs OWN-say MAY-nose BAIN-tay)
It is 11 o'clock minus 20 minutes.

Otro vocabulario para decir la hora

Noon = mediodía *(may-dee-oh-DEE-ah)*	AM = de la mañana *(day la mahn-YAHN-ah)*
Midnight = medianoche *(may-dee-ah-NO-chay)*	PM = de la tarde / noche *(day la TAR-day/NO-chay)*

Actividad: Horario de trenes
(Train Schedule)

Persona A

ESCRIBIR (WRITE):

You are a tour director in Barcelona, Spain and need to let everybody know the train schedule for the day. Ask your partner (Person B) the following questions for the missing information and record below. (Note that many of the following train departure times use the 24-hour clock or "military time.")

	Toledo
	Segovia
10:50	
	Sevilla
14:25	
	Córdoba
	Burgos
21:30	

PREGUNTAS - EJEMPLOS

- ¿A qué hora sale *(leaves)* el tren para Toledo?
- ¿Qué ciudad tiene *(what city has)* el tren a las once menos diez?

LEER (READ):

You work at the information desk at the train station. Answer the tour guide's questions (Persona B) in relation to the day's train schedule.

5:45	Valencia
6:13	Salamanca
9:45	Toledo
12:20	Alicante
17:56	Barcelona
18:12	Cádiz
22:34	Pamplona
23:25	Santiago de Compostela

Actividad: Horario de trenes
(Train Schedule)

Persona B

LEER (READ):

You work at the information desk at the train station. Answer the tour guide's questions (Persona A) in relation to the day's train schedule.

6:50	Toledo
8:11	Segovia
10:50	Alicante
12:08	Sevilla
14:25	León
17:15	Córdoba
18:01	Burgos
21:30	Bilbao

ESCRIBIR (WRITE):

You are a tour director in Barcelona, Spain and need to let everybody know the train schedule for the day. Ask your partner (Person A) the following questions for the missing information and record below. (Note that many of the following train departure times use the 24-hour clock or "military time".)

	Valencia
	Salamanca
9:45	
	Alicante
17:56	
	Cádiz
	Pamplona
23:25	

PREGUNTAS - EJEMPLOS

- ¿A qué hora sale *(leaves)* el tren para Valencia?
- ¿Qué ciudad tiene *(what city has)* el tren a las diez menos quince?

Lección 6

- Goodbyes
- Prices

Cuento de TPRS

CUENTO: Problemas en la familia

Instrucciones: Dibuja o escribe el cuento de la clase.
Instructions: *Draw or write the story from class.*

Repaso de la hora: El cine
(The Cinema)

Persona A

PREGUNTAR (ASK):

Tienes planes de ir al cine, pero no tienes toda la información. Pregunta a la persona B **las horas y los nombres** de las películas. *(You are planning on going to the movies, but you do not have all the information. Ask Person B the times and names of the movies.)*

> **HORA:**   ¿A qué hora es la película _____?
> **NOMBRE:**   ¿Cómo se llama la película de las _____?

Película	Hora	Hora	Hora	Hora
Todo sobre mi madre	1:00		4:55	8:15
Belle époque	2:30	4:20		9:00
Mujeres al borde de un ataque de nervios		2:05		7:45
	3:05	5:10	7:30	
Jamón jamón	2:10		6:55	
	1:10	3:50	5:45	8:00
Cabeza de Vaca	2:00		6:45	8:20
Buena Vista Social Club	3:20	6:20	8:55	
El Conde de Montecristo		6:10		10:00

CONTESTAR (ANSWER):

La persona B no tiene toda la información que necesita para ir al cine. Usa las siguientes respuestas para contestar a la persona B. *(Person B does not have all the necessary information to go the movies. Use the following to answer Person B.)*

> **La película _____ es a las _____.**
> (nombre)   (hora)
> **Ó**
> **La película de las _____ se llama _____.**
> (hora)   (nombre)

Película	Hora	Hora	Hora	Hora
Frida	12:35	2:05	4:15	7:30
La bamba	2:10	4:55	6:50	8:40
Eva Perón	3:00	5:15	8:35	10:50
Fresa y chocolate	2:45	6:20	8:15	11:00
Romero	12:55	3:05	6:15	9:10
El crímen del Padre Amaro	1:00	3:05	5:10	7:15
El mariachi	4:20	7:25	9:55	11:10
Como agua para chocolate	4:35	6:55	8:25	10:05
Y tu mamá también	1:15	3:45	6:35	9:25

Repaso de la hora: El cine
(The Cinema)

Persona B

CONTESTAR (ANSWER):

La persona A no tiene toda la información que necesita para ir al cine. Usa las siguientes respuestas para contestar a la persona A. *(Person A does not have all the necessary information to go the movies. Use the following to answer Person A.)*

La película _____ es a las _____.
(nombre)   (hora)

Ó

La película de las _____ se llama _____.
(hora)   (nombre)

Película	Hora	Hora	Hora	Hora
Todo sobre mi madre	1:00	2:35	4:55	8:15
Belle époque	2:30	4:20	6:15	9:00
Mujeres al borde de un ataque de nervios	12:30	2:05	5:10	7:45
La esperanza	3:05	5:10	7:30	9:10
Jamón jamón	2:10	4:50	6:55	9:15
Tortilla Soup	1:10	3:50	5:45	8:00
Cabeza de Vaca	2:00	4:15	6:45	8:20
Buena Vista Social Club	3:20	6:20	8:55	11:05
El Conde de Montecristo	2:55	6:10	8:25	10:00

PREGUNTAR (ASK):

Tienes planes de ir al cine, pero no tienes toda la información. Pregunta a la persona A **las horas y los nombres** de las peliculas. *(You are planning on going to the movies, but you do not have all the information. Ask Person A the times and names of the movies.)*

HORA: ¿A qué hora es la película _____?
NOMBRE: ¿Cómo se llama la película de las _____?

Película	Hora	Hora	Hora	Hora
	12:35	2:05	4:15	
La bamba		4:55	6:50	8:40
Eva Perón	3:00	5:15		10:50
Fresa y chocolate			8:15	11:00
	12:55	3:05		9:10
El crimen del Padre Amaro	1:00		5:10	7:15
El mariachi		7:25	9:55	
Como agua para chocolate	4:35	6:55		10:05
	1:15		6:35	9:25

Frases de conversación: Despedidas
(Goodbyes)

Instrucciones: Escribe en inglés las siguentes palabras.
Instructions: *Write the English equivalent to the following words.*

Adiós	
Hasta luego	
Hasta la vista	

Now you have all of the pieces for a basic conversation:
Greetings, introductions, general small talk, and goodbyes.

Actividad con tu compañero

- Greet the person
- Ask how he/she is doing
- Ask his/her name
- Say goodbye

For a challenge:
- Ask what he/she likes to do
- Ask about his/her family

¿Cuánto cuesta?
(How much does it cost?)

PREGUNTA: ¿Cuánto cuesta/n?

RESPUESTA: Cuesta/n _____.
(Ejemplos: El cilantro cuesta 6 pesos. Las papas cuestan 8 pesos.)

Instructions: *Go around the room asking the shopkeepers the price of the ingredients. Write your answers below. Circle the best bargains. Prices are in Mexican pesos. ($1 = about 10 Mexican pesos)*

	Vendedor 1	Vendedor 2	Vendedor 3	Vendedor 4	Vendedor 5	Vendedor 6
Papas						
Tomates						
Cebollas						
Cilantro						
Aceite de oliva						
Limón						
Jalapeños						
Sal						

Cuento de TPRS

CUENTO: El vendedor

Instrucciones: Dibuja o escribe el cuento de la clase.
Instructions: *Draw or write the story from class.*

Lección 7

- More food
- Basic Interviewing Questions

Repaso de comida - Una receta para pico de gallo
(Food Review - Recipe for Pico de Gallo Salsa)

Ingredientes:
- 4 tomates maduros, en cubitos pequeños
- 1 cebolla pequeña, en cubitos pequeños
- ¼ C. cilantro fresco
- 2 jalapeños frescos
- 1 T. aceite de oliva
- 1 T. jugo de limón
- sal

Instrucciones:
1. Lava bien el tomate. Pica *(chop)* el tomate y cebolla en cubitos pequeños y mezcla.
2. Agrega *(add)* la sal, el aceite y el jugo de limón. Mezcla.
3. Agrega las hojas *(leaves)* de cilantro y jalapeño. Mezcla.
4. Se deja reposar *(let sit)* por unos 10 a 15 minutos antes de servirse.

ENGLISH
Ingredients
- *4 ripe tomatoes, cubed*
- *1 small white onion, cubed*
- *¼ C. fresh cilantro leaves, chopped*
- *2 fresh jalapeños, finely chopped*
- *1 T olive oil*
- *1 T lime juice*
- *sal*

Instructions:
1. *Wash tomatoes. Chop tomatoes and onion into small pieces and mix together.*
2. *Add salt, olive oil, and lemon juice. Mix.*
3. *Add cilantro leaves and jalapenos. Mix.*
4. *Let stand for 10-15 minutes before serving.*

Actividad: Información del cliente

You now have learned almost everything you need to take general information on a Spanish-speaking client. You may, however, still be nervous about not understanding your client or knowing how to spell in Spanish. We could spend time on learning the Spanish alphabet, but this is often a very time consuming project. It is much easier and more time effective to learn these three words:

¿Cómo se escribe?
(How is it written?)

For example, if you ask for the patient's name, and he rattles off, "Juan Luis Gutiérrez Martínez," simply ask the three magic words, giving him a pencil and paper and copying what he writes.

Persona A

ESCRIBIR:

You work at an employment agency and are helping the Spanish-speakers fill out their applications. Ask Person A the following information.

Start each question with:

¿Cuál es su _____?

Nombre: _____

Dirección: _____

Ciudad: _____ Estado: _____ Zona Postal: _____

Número de teléfono: _____

Número de celular: _____

Dirección de correo electrónico: _____

Fecha de nacimiento *(birth)*: _____ Edad *(age):* _____

Lugar *(place)* de nacimiento: _____

Nacionalidad: _____ Sexo: _____

Número de seguro social: _____

Actividad: Información del cliente

You now have learned almost everything you need to take general information on a Spanish-speaking client. You may, however, still be nervous about not understanding your client or knowing how to spell in Spanish. We could spend time on learning the Spanish alphabet, but this is often a very time consuming project. It is much easier and more time effective to learn these three words:

¿Cómo se escribe?
(How is it written?)

For example, if you ask for the patient's name, and he rattles off, "Juan Luis Gutiérrez Martínez," simply ask the three magic words, giving him a pencil and paper, and copying what he writes.

Persona B

ESCRIBIR:

You work at an employment agency and are helping the Spanish-speakers fill out their applications. Ask Person A the following information.

Start each question with:

¿Cuál es su _____?

Nombre: _____

Dirección: _____

Ciudad: _____ Estado: _____ Zona Postal: _____

Número de teléfono: _____

Número de celular: _____

Dirección de correo electrónico: _____

Fecha de nacimiento *(birth)*: _____ Edad *(age):* _____

Lugar *(place)* de nacimiento: _____

Nacionalidad: _____ Sexo: _____

Número de seguro social: _____

Cuento de TPRS

CUENTO: La sorpresa

Instrucciones: Dibuja o escribe el cuento de la clase.
Instructions: *Draw or write the story from class.*

Lección 8

- Presentations
- Review

Presentation

Instructions: You are going to pretend to be a famous person and talk about "yourself" for 30 seconds - 1 minute. The others in the class will try to guess who you are. Answer the following questions to help organize your thoughts. (Note: If you use words that you haven't yet learned in this class, make sure that you teach them to the class before your presentation.)

Soy de...

Hablo...

Me gusta...

No me gusta...

Vivo en...

Tengo...

Otro *(Other)*:

Por ejemplo:
Soy de Austria. Ahora, vivo en California. Hablo inglés y alemán. Tengo 60 años (más o menos). Me gusta levantar pesas *(lift weights)*, ver películas y la política. No me gustan las personas que no votan en las elecciones. Tengo una esposa y cuatro hijos.

¿Quién soy? *(Who am I?)*
    - Arnold Schwarzenegger

¿Quién soy?
Personas famosas

Instructions: Listen to you classmates and write down the information you hear in the table below.

Es de...	*Austria*			
Le gusta...	*levantar pesos* *películas* *la política*			
No le gusta...	*personas que no votan en las elecciones*			
Vive en...	*California*			
Tiene __ años.	60 (más o menos)			
Otro:	*Tengo una esposa y 4 hijos*			
¿Quién soy?	*Arnold Schwarzenegger*			

¿Quién soy?
Personas famosas

Instructions: Listen to you classmates and write down the information you hear in the table below.

Es de...				
Le gusta...				
No le gusta...				
Vive en...				
Tiene __ años.				
Otro:				
¿Quién soy?				

Cuento de TPRS

CUENTO: Franciso y los tomates

Instrucciones: Dibuja o escribe el cuento de la clase.
Instructions: *Draw or write the story from class.*

Appendix

- Survival Words & Basic Present Tense Grammar
- Excerpt from Level 2 (Seasons, Months, Days, Date)
- Vocabulary by *Lección*
- TPR Stories by *Lección*
- Glossary (English - Spanish) / (Español - Inglés)

Palabras necesarias
(Survival Words)

¿Cómo se dice _____?	*How do you say _____?*
¿Qué significa _____?	*What does _____ mean?*
No comprendo/No entiendo.	*I don't understand.*
No sé.	*I don't know.*
Repite, por favor.	*Repeat, please.*
Perdón.	*Pardon me (for an interruption)*
Con permiso.	*Pardon me (when trying to get through a crowd)*

Preguntas
(Question Words)

¿Qué?	*What?*
¿Cómo?	*How?*
¿Cuál?	*Which?*
¿Quién?	*Who?*
¿Por qué?	*Why?*
¿Cuándo?	*When?*
¿Dónde?	*Where?*
¿Cuánto?	*How much/many?*

Verbos: 6 Verbos Comunes
(6 Common Verbs)

While there are thousands of verbs in the Spanish language, at this point we are going to focus on the most common ones to get your message across. Little by little, you will become familiar with at least dozens or maybe even hundreds more.

	PREGUNTA	RESPUESTA
Tener *(to have)*	¿Tienes hijos? *(Do you have children?)* ¿Cuántos años tienes?	• Sí, tengo hijos. • No, no tengo hijos. • Tengo 53 años.
Querer *(to want)*	¿Quieres sal? *(Do you want salt?)*	• Sí, quiero sal. • No, no quiero sal.
Necesitar *(to need)*	¿Necesitas doctor? *(Do you need a doctor?)*	• Sí, necesito doctor. • No, no necesito doctor.
Haber *(Is/are there?* *There is/are)*	¿Hay un doctor aquí? *(Is there a doctor here?)*	• Sí, hay un doctor aquí. • No, no hay un doctor aquí.
Estar *(to be)* * Use with temporary conditions and location.	¿Estás bien? *(Are you OK?)*	• Sí, estoy bien. • No, no estoy bien.
Ser *(to be)* * Use with everything else.	¿Eres madre? *(Are you a mother?)*	• Sí, soy madre. • No, no soy madre.

Pronouns

		Singular		Plural
1st person	yo *(I)*		nosotros/as *(we)*	
2nd person	tú *(you informal)*		vosotros/as *(you "all" informal)*	
3rd person	él ella usted (Ud.) *(he, she, you formal)*		ellos ellas ustedes (Uds.) *(they, you, you "all" formal")*	

Grammar Forms

ESTAR – temporary condition, location

yo	estoy	nosotros/as	estamos
tú	estás	vosotros/as*	estáis*
él ella usted (Ud.)	está	ellos ellas ustedes (Uds.)	están

SER – used almost everywhere besides "temporary conditions" or "location"

yo	soy	nosotros/as	somos
tú	eres	vosotros/as*	sois*
él ella usted (Ud.)	es	ellos ellas ustedes (Uds.)	son

PRESENT TENSE

For present tense, you simply drop the last 2 letters of the verb and change it according to what the letters were. For example, if you wanted to say "I dance", change the verb "bailar" to "bailo."

	- AR	- ER	- IR		- AR	- ER	-IR
yo	-o	-o	-o	nosotros	-amos	-emos	-imos
tu	-as	-es	-es	vosotros	-áis	-éis	-ís
el, ella, ud.	-a	-e	-e	ellos, ellas, uds.	-an	-en	-en

Present Tense Stem-Changing Verbs

(e→ie)

yo	**pienso**	nosotros/as	pensamos
tú	**piensas**	vosotros/as	pensáis
él ella usted (Ud.)	**piensa**	ellos ellas ustedes (Uds.)	**piensan**

Similar Verbs
pensar - to think
cerrar - to close
despertar - to wake up
divertirse - to have fun
empezar - to begin
encender - to turn on
hervir - to boil
mentir - to lie
perder - to lose
preferir - to prefer
querer - to want
recomendar - to recommend
sentir - to feel
sugerir- to suggest

(o→ue)

yo	**puedo**	nosotros/as	podemos
tú	**puedes**	vosotros/as	podéis
él ella usted (Ud.)	**puede**	ellos ellas ustedes (Uds.)	**pueden**

Similar Verbs
poder - to be able
acostar - to go to bed
colgar - to hang up
devolver - to give back
dormir - to sleep
encontrar - to find
mostrar - to show
probar - to try
recordar - to remember

(e→i)

yo	**pido**	nosotros/as	pedimos
tú	**pides**	vosotros/as	pedís
él ella usted (Ud.)	**pide**	ellos ellas ustedes (Uds.)	**piden**

Similar Verbs
pedir - to ask
consequir - to obtain
despedir - to say goodbye
seguir - to follow
servir - to serve
vestir - to dress

Common "Regular" Verbs

AR VERBS				ER VERBS	
aceptar	to accept	besar	to kiss	responder	to answer
admirar	to admire	escuchar	to listen	creer	to believe
aconsejar	to advise	mirar	to look at	romper	to break
autorizar	to allow	buscar	to look for	traer* (yo traigo)	to bring
llegar	to arrive	equivocarse	to make a mistake	escoger	to choose
*estar (yo estoy)	to be	mezclar	to mix	toser	to cough
tomar	to take	llamar	to call	desaparecer	to disappear
respirar	to breathe	notar	to note	desobedecer	to disobey
cepillar	to brush	observar	to observe	beber	to drink
quemar	to burn	pintar	to paint	comer	to eat
comprar	to buy	pagar	to pay	caer* (yo caigo)	to fall
llamar	to call	organizar	to organize	suceder	to happen
calmar	to calm	preparar	to prepare	tener*	to have
verificar	to check	presentar	to present	conocer* (yo	to know
peinar	to comb	castigar	to punish	conozco)	
entrar	to come in	empujar	to push	aprender	to learn
comparar	to compare	alquilar	to rent	deber	to must
continuar	to continue	reservar	to reserve	obedecer	to obey
llorar	to cry	descansar	to rest	ofrecer* (yo ofrezco)	to offer
cortar	to cut	enviar	to envy	prometer	to promise
detestar	to detest	separar	to seperate	poner* (yo pongo)	to put
divorciar	to divorce	quedar	to stay	leer	to read
dibujar	to draw	estudiar	to study	reconocer* (yo	to recognize
secar	to dry off	lograr	to earn	reconozco)	
borrar	to erase	nadar	to swim	parecer	to seem
examinar	to examine	tomar	to take	vender	to sell
explicar	to explain	pasear	to take a walk		
llenar	to fill	hablar	to talk	IR VERBS	
acabar	to finish	echar	to throw	asistir a	to attend
olvidar	to forget	delinear	to trace	describir	to discover
engordar	to gain weight	viajar	to travel	destruir	to destroy
levantarse	to lift	apagar	to turn off	ir*	to go
dar	to give	esperar	to wait	salir* (yo salgo)	to go out
regresar	to go back	caminar	to walk	subir	to go up
odiar	to hate	lavar	to wash	abrir	to open
calentar	to heat	mirar	to watch	decir* (yo digo)	to say
esperar	to hope	llevar	to wear	servir	to serve
identificar	to identify	secar	to dry	compartir	to share
informar	to inform	preocupar	to worry	sugerir	to suggest
invitar	to invite	gritar	to yell	escribir	to write
				vivir	to live

(Excerpt from ¡A Conversar! 2)

Estaciones y meses del año
(Seasons and Months of the Year)

INVIERNO	PRIMAVERA	VERANO	OTOÑO
diciembre	marzo	junio	septiembre
enero	abril	julio	octubre
febrero	mayo	agosto	noviembre

PISTA:
Notice how similar the Spanish months are to the English months.

NOTA:
Much of Latin America is in the Southern Hemisphere, therefore putting the months in opposite seasons as listed above.

Fecha (Date)

In Spanish, the day goes before the month when writing and speaking.

For example:
- El 2 de septiembre *(the 2nd of September)*
- El 24 de diciembre *(the 24th of December)*
- El 15 de junio *(the 15th of June)*

Actividad: ¿Cuando es...?

Persona A

Start each question with:

1) Pregunta:

¿Cuándo es _____?

tu cumpleaños	
la Navidad	
el primer día de la primavera	
tu día favorito	
el cumpleaños de tu madre	
el primer día de la escuela	
la clase de inmersión de español	
Tres preguntas más:	
1)	
2)	
3)	

2) Contesta las preguntas de la persona B.

Actividad: ¿Cuando es...?

Persona B

1) Contesta las preguntas de la persona B.

2) Pregunta:

¿Cuándo es _____?

tu cumpleaños	
la Pascua (*Easter*)	
el primer día del verano	
tu día favorito	
el cumpleaños de tu padre	
Halloween	
el día de San Valentín	
Tres preguntas más:	
1)	
2)	
3)	

Los días de la semana (The Days of the Week)

Mi horario

lunes	martes	miércoles	jueves	viernes	sábado	domingo
10 am: Sr. Valdez 2 pm: Srta. Lopez	11:30 am: Sra. Vegas 2:50 pm: Sr. La Cruz 6 pm: Fútbol	8:15 am: dentista 12:00: almuerzo 3:00 pm: Srta. María	No tengo citas.	9 am: Sr. Mendez 1:20 pm: Sra. Pelayo 4:40 pm: Sr. Garcia	FIESTA	10:30 am: Misa Descanso

ACTIVIDAD: Mi horario

Instrucciones: Haz cinco preguntas a tu pareja sobre *(about)* tu horario *(schedule)* de la semana. *(See the previous page.)*

Ejemplo:

Pregunta: ¿Cuándo es la cita *(appointment)* con el Sr. Valdez?

Respuesta: El lunes a las 10 de la mañana.

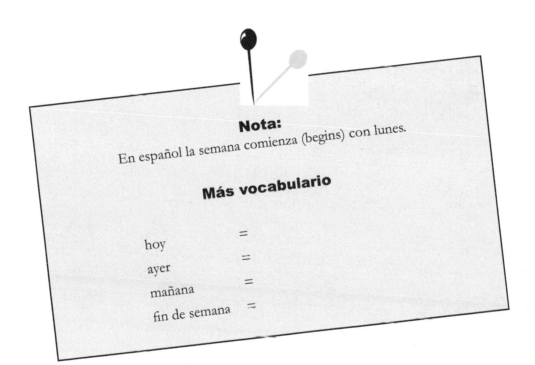

Nota:

En español la semana comienza (begins) con lunes.

Más vocabulario

hoy	=
ayer	=
mañana	=
fin de semana	=

La fecha

In most Spanish-speaking countries, the date is written with the day first, then the month, and finally the year. For example, February 10, 2003 is written 10/2/03 (NOT October 2, 2003).

Instructions: Listen to your instructor and write down the dates you hear.

FECHA
Día + Mes + Año

Actividad: La fecha

Persona A

Instrucciones: Escucha a la Persona B y escribe la fecha.

1. _____
2. _____
3. _____
4. _____
5. _____
6. _____
7. _____
8. _____
9. _____
10. _____

Instrucciones: Le dices a Persona B tus fechas.

1. 11/4/73
2. 2/11/81
3. 8/9/02
4. 5/12/03
5. 25/3/98
6. 31/1/00
7. 15/7/54
8. 21/2/63
9. 11/11/67
10. 17/6/22

Actividad: La fecha

Persona B

Instrucciones: Le dice a la Persona A las siguientes fechas.

1. 5/6/02
2. 14/9/42
3. 7/10/03
4. 30/1/74
5. 22/3/95
6. 1/1/01
7. 16/4/28
8. 27/5/99
9. 4/2/92
10. 23/12/27

Instrucciones: Escucha a la Person A y escribe la fecha.

1. _____
2. _____
3. _____
4. _____
5. _____
6. _____
7. _____
8. _____
9. _____
10. _____

Lección 1

Greetings & Introductions
Hello
What is your name?
My name is _____.
Good morning
Good afternoon
Good evening

Saludos e introducciones
Hola
¿Cómo te llamas?
Me llamo _____.
buenos días
buenas tardes
buenas noches

TPR Phrases
stand up
sit down
walk
dance
there is/are
boy
has/have
says to him/her

Frases de TPR
levántate
siéntate
camina
baila
hay
chico
tiene
le dice

Colors
red
blue
green
yellow
white
black
purple
pink
orange
brown

Colores
rojo
azul
verde
amarillo
blanco
negro
morado
rosado
naranja/anaranjado
café / pardo / marrón

Lección 2

Food & Cooking Actions	Comida y acciones de cocinar
tomato	tomate
cucumber	pepino
bread	pan
bowl	tazón
garlic	ajo
oil and vinegar	aceite y vinagre
salt	sal
knife	cuchillo
pepper	pimiento
onion	cebolla
blender	licuadora
spoon	cuchara
wash	lava
mix	mezcla
add	agrega
cut	corta
eat	come
smell	huele

Numbers	Los números
zero	cero
one	uno
two	dos
three	tres
four	cuatro
five	cinco
six	seis
seven	siete
eight	ocho
nine	nueve

Lección 3

Parts of the Body

face
forehead
hair
nose
eye
ear
teeth
mouth
chin
neck
lips
elbow
hand
shoulder
head
finger
wrist
arm
back
behind
leg
knee
foot
ankle
toe

Partes del cuerpo

cara
frente
pelo
nariz
ojo
oreja
dientes
boca
barbilla
cuello
labios
codo
mano
hombro
cabeza
dedo
muñeca
brazo
espalda
trasero
pierna
rodilla
pie
tobillo
dedo del pie

Doctor

What hurts?
My _____ hurts.
His _____ hurts.
Does your arm hurt?

El médico

¿Qué te duele?
Me duele/n _____
Le duele/n _____
¿Te duele el brazo?

Lección 4

Greetings
How are you?
How are you?
    Very well
    Well
    Fine
    OK
    Fine
    Not well
    Very badly
What's up?
    All's well
    Nothing
Where are you from?
I'm from Puerto Rico.
Do you speak English?
Do you speak Spanish?
    Yes
    A little
    Very little
    No

Saludos
¿Cómo estás?
¿Qué tál?
    Muy bien
    Bien
    Más o menos
    Así así
    Regular
    Mal
    Muy mal
¿Qué pasa?
    Todo bien
    Nada
¿De dónde eres?
Soy de (Puerto Rico).
¿Hablas inglés?
¿Hablas español?
    Sí
    Un poco
    Un poquito
    No

Likes
I like
He/she/you like
Do you like/Does he/she like
Yes, I like…
No, I do not like…
What do you like to do?
    read
    eat
    play / watch
    basketball
    golf
    baseball
    soccer
    football
    tennis
    watch tv
    go to the movies
    play piano
    work in the garden
    be with my family
    exercise
    travel
    cook
    spend time with friends

Gustos
Me gusta
Le gusta
¿Le gusta _____ ?
Sí, me gusta _____.
No, no me gusta ____.
¿Qué te gusta hacer?
    leer
    comer
    jugar / mirar
    baloncesto
    golf
    beísbol
    fútbol
    fútbol americano
    tenis
    mirar la televisión
    ir al cine
    tocar el piano
    trabajar en el jardín
    estar con mi familia
    hacer ejercicio
    viajar
    cocinar
    estar con amigos

Lección 4 (cont.)

Numbers 10-1000	Números 10 a 1000
ten	diez
eleven	once
twelve	doce
thirteen	trece
fourteen	catorce
fifteen	quince
sixteen	diez y seis
seventeen	diez y siete
eighteen	diez y ocho
nineteen	diez y nueve
twenty	veinte
thirty	treinta
fourty	cuarenta
fifty	cincuenta
sixty	sesenta
seventy	setenta
eighty	ochenta
ninety	noventa
one hundred	cien / ciento
one thousand	mil
What is the phone number of ___?	¿Cuál es el número de teléfono de _____?
The phone number is ____.	El número de teléfono es _____.

Lección 5

Family	Familia
grandfather	abuelo
grandmother	abuela
father	padre
mother	madre
son	hijo
daughter	hija
brother	hermano
sister	hermana
grandson	nieto
granddaughter	nieta
uncle	tío
aunt	tía
cousin	primo/a
nephew	sobrino
niece	sobrina
spouse	esposo/a
godfather	padrino
godmother	madrina
relatives	parientes
step-father	padrastro
step-mother	madrastra
step-son	hijastro
step-daughter	hijastra
step-brother	hermanstro
step-sister	hermanstra

Time	La hora
What time is it?	¿Qué hora es?
It is 1:00	Es la una.
It is 1:10	Es la una y diez.
It is 3:00	Son las tres.
It is 5:20	Son las cinco y veinte.
It is 8:15	Son las ocho y quince.
It is 8:15	Son las ocho y cuarto.
It is 10:30	Son las diez y treinta.
It is 10:30	Son las diez y media.
It is 5:50	Son las seis menos diez.
It is 10:40	Son las once menos veinte.
At what time?	¿A qué hora?
At 3 o'clock.	A las tres.
What time is the concert?	¿A qué hora es el concierto?
At 8:00	A las ocho.
noon	mediodía
midnight	medianoche
in the morning	de la mañana
in the afternoon	de la tarde
at night	de la noche

Lección 6

Goodbyes

Goodbye
See you later
Until I see you again

Prices

How much does it cost?
It costs….
The cilantro costs 6 pesos.
The potatoes cost 8 pesos.
Do you have…?
Yes, I have…
No, I do not have…
Is there…?
Yes, there is…
No, there is not…

Despedidas

Adiós
Hasta luego
Hasta la vista

Precios

¿Cuánto cuesta/n?
Cuesta/n _____.
El cilantro cuesta 6 pesos.
Las papas cuestan 8 pesos.
¿Tienes _____?
Sí, tengo _____. /
No, no tengo _____.
Hay _____?
Sí, hay _____.
No, no hay _____.

Lección 7

What is your _____?	¿Cuál es su _____?
name	nombre
address	dirección
city	ciudad
state	estado
zip code	zona postal
telephone number	número de teléfono
cell phone number	número de celular
email address	dirección de correo electrónico
date of birth	fecha de nacimiento
age	edad
place of birth	lugar de nacimiento
nationality	nacionalidad
sex	sexo
social security number	número de seguro social

TPR Stories
CUENTOS

Lección 1 - Juan y Gloria

Hay un chico. Se llama Juan. Tiene una amiga. Se llama Gloria. Gloria le dice a Juan, "¡Levántate! ¡Siéntate! ¡Levántate! ¡Baila!" Juan baila muy bien.

Lección 1 - Ana y el perro

Hay una chica. Se llama Ana. Ana tiene un perro negro. El perro se llama _____. Tiene una casa azul. Ana camina rápidamente a la casa azul. Ana grita al perro, "Yo quiero una casa azul. ¡Yo tengo una casa de color naranja y es fea!"

Lección 2 - La fiesta

Hay una fiesta en mi casa esta noche. Cocino gazpacho. Hay muchos ingredientes en gazpacho. Hay tomates, cebolla, ajo, pepino, vinagre, y sal. Es fácil de cocinar.

Cuando cocino gazpacho, mi casa huele bien. En la fiesta, como mucho gazpacho. Mis amigos también comen mucho gazpacho. Ay...¡la vida es buena!

Lección 3 - Pobre Jaime

Hay un chico. Se llama Jaime. Jaime baila mucho. ¡Ay, no! Jaime se cae en el suelo. Se rompe 3 huesos: el pie, el brazo, y la cabeza. ¡Pobrecito!

Lección 4 - Amigos

Hay un chico. Se llama ___ _____. Tiene una amiga. Se llama _____. Su amiga _____ siempre le dice: "¡Camina! ¡Siéntate! ¡Levántate! ¡Baila!"

Un día, el chico se cae en el suelo. ¡Se rompe 5 huesos! La pierna, el brazo, el pie, el ___, y el _____.

Ahora, _____ no le dice: ¡Camina! ¡Siéntate! ¡Levántate! ¡Baila! Le trae gazpacho y flores de todos los colores: Amarillo, rojo, _____ y _____. Ahora, _____ y _____ están contentos.

Lección 5 - La mujer

Hay una mujer. Se llama _____. A ____ (la mujer) le gusta comer mucho. Le gusta comer pizza, _____, y _____. También, le gusta ir al cine. Le gustan las películas románticas. Su favorita es _____.

Lección 6 - Problemas en la familia

Hay una mujer. Se llama _____. _____ tiene 41 años. Le gusta escuchar música clásica.
Su hijo se llama _____. Tiene 15 años. _____ le gusta escuchar música rock. Hay problemas de
música en esta familia.

Un día, la madre le dice al padre, "Su hijo necesita vivir con sus abuelos. ¡No me gusta la música
rock!" La madre trabaja en _____ por las tardes. El hijo decide escuchar música en las tardes. El
hijo no necesita vivir con sus abuelos. Todos están contentos.

Lección 6 - El vendedor

Hay un vendedor en el pueblo de _____. Se llama _____. Siempre tiene muchas gangas.
También, tiene muchos clientes.

Un día, un cliente, se llama _____, no está contento. El vendedor le pregunta, "¿Cómo está
_____? ¿Hay un problema?"

El cliente le dice, "Sí, hay un problema grande....."

¿Cuál es el problema? ¿Hay una solución?

Lección 7 - La sorpresa

Hay un hombre. Se llama _____. Tiene _____ años. Tiene una esposa. Se llama _____. Es su
cumpleaños mañana. Quiere una fiesta de sorpresa para su esposa.

Su hermana compra la comida para la fiesta. Compra pico de gallo, _____, _____, y _____. Su hijo
toca la guitarra. Le gusta tocar la guitarra. Su sobrino pone las decoraciones de color _____, _____, y
_____.

El hombre _____ quiere la fiesta de sorpresa a las ocho de la noche. Invita a _____ personas.

El sábado, la esposa llega a la casa a las ____ de la noche. Todos le dicen "¡Sorpresa!" La esposa
tiene ojos grandes y la boca abierta. Le dice, "¡Qué sorpresa!" A todos les gusta la fiesta.

Lección 8 - Francisco y los tomates

Hay un chico. Se llama Francisco. Tiene 3 hermanas, 2 perros, y _____.

Francisco es un buen estudiante. Le gusta la escuela mucho. Le gusta estudiar y aprender del mundo. Siempre está en la escuela a las 8 de la mañana en punto.

También, le gusta comer. Su comida favorita es _____. Un día, Francisco come tomates de su jardín. Son muy buenos. Come 1 tomate....2 tomates...3 tomates... Está muy contento.

Francisco mira el reloj. ¡Son las 8:05! ¡Ay, ay, ay! ¡Es tarde para la escuela! Francisco corre y corre. Corre muy rápido. Cuando llega en la escuela, no hay nadie. No hay personas. Ah, sí.... No hay escuela hoy. ¡Es un día de fiesta! ¡Qué bueno! Ahora, Francisco va a su casa para comer más tomates.

Glossary: English - Spanish

a little	un poco	eye	ojo
add	agrega	face	cara
address	dirección	family	familia
age	edad	father	padre
all's well	todo bien	fifteen	quince
ankle	tobillo	fifty	cincuenta
arm	brazo	fine	más o menos
at night	de la noche	fine	regular
at what time	a qué hora	finger	dedo
aunt	tía	five	cinco
back	espalda	food	comida
baseball	béisbol	foot	pie
basketball	baloncesto	football	fútbol americano
be with my family	estar con mi familia	forehead	frente
behind	trasero	four	cuatro
black	negro	fourteen	catorce
blender	licuadora	forty	cuarenta
blue	azul	garlic	ajo
bowl	tazón	go to the movies	ir al cine
boy	chico	godfather	padrino
bread	pan	godmother	madrina
brother	hermano	golf	golf
brown	café	good afternoon	buenas tardes
brown	pardo	good evening	buenas noches
brown	marrón	good morning	buenos días
cell phone number	número de celular	goodbye	adiós
chin	barbilla	goodbyes	despedidas
city	ciudad	granddaughter	nieta
colors	colores	grandfather	abuelo
cook	cocinar	grandmother	abuela
cousin	primo/a	grandson	nieto
cucumber	pepino	green	verde
cut	corta	greetings	saludos
dance	baila	hair	pelo
date of birth	fecha de nacimiento	hand	mano
daughter	hija	has/have	tiene
do you have _____	tienes _____	he/she/you like	le gusta
do you like/does he/she like	le gusta _____	head	cabeza
do you speak English	hablas inglés	hello	hola
do you speak Spanish	hablas español	his _____ hurts.	le duele/n _____
doctor	médico	how are you	cómo estás
does your arm hurt	te duele el brazo	how are you	qué tál
ear	oreja	how do you say _____	cómo se dice _____
eat	comer	how much does it cost	cuánto cuesta/n
eight	ocho	how much	cuánto
eighteen	diez y ocho	how	cómo
eighty	ochenta	I am	soy o estoy
elbow	codo	I don't know.	no sé
eleven	once	I don't understand.	no comprendo/no entiendo
email address	dirección de correo electrónico	I have	tengo
exercise	hacer ejercicio	I like	me gusta

I need	necesito	red	rojo
I want	quiero	relatives	parientes
I'm from Puerto Rico	soy de (Puerto Rico)	repeat, please	repite, por favor
in the afternoon	de la tarde	salt	sal
in the morning	de la mañana	says to him/her	le dice
is there _____	hay _____	see you later	hasta luego
it costs _____	cuesta/n _____	seven	siete
knee	rodilla	seventeen	diez y siete
knife	cuchillo	seventy	setenta
leg	pierna	shoulder	hombro
likes	gustos	sister	hermana
lips	labios	sit down	siéntate
midnight	medianoche	six	seis
mix	mezcla	sixteen	diez y seis
mother	madre	sixty	sesenta
mouth	boca	smell	huele
my _____ hurts	me duele/n _____	soccer	fútbol
my name is _____	me llamo _____	social security number	número de seguro social
name	nombre	son	hijo
nationality	nacionalidad	spend time with friends	estar con amigos
neck	cuello	spoon	cuchara
nephew	sobrino	spouse	esposo/a
niece	sobrina	stand up	levántate
nine	nueve	state	estado
nineteen	diez y nueve	step-brother	hermanstro
ninety	noventa	step-daughter	hijastra
no	no	step-father	padrastro
no, I do not have _____	no, no tengo _____	step-mother	madrastra
no, I do not like _____	no, no me gusta _____	step-sister	hermanstra
no, there is not _____	no, no hay _____	step-son	hijastro
noon	mediodía	teeth	dientes
nose	nariz	telephone number	número de teléfono
not well	mal	ten	diez
nothing	nada	tennis	tenis
numbers	números	there is/are	hay
oil	aceite	thirteen	trece
ok	así así	thirty	treinta
one	uno	three	tres
one hundred	cien / ciento	time	hora
one thousand	mil	toe	dedo del pie
onion	cebolla	tomato	tomate
orange	naranja	travel	viajar
orange	anaranjado	twelve	doce
pardon me	perdón	twenty	veinte
pardon me	con permiso	two	dos
parts of the body	partes del cuerpo	uncle	tío
pepper	pimiento	until I see you again	hasta la vista
pink	rosado	very badly	muy mal
place of birth	lugar de nacimiento	very little	un poquito
play / watch	jugar / mirar	very well	muy bien
play piano	tocar el piano	vinegar	vinagre
prices	precios	walk	camina
pronunciation	pronunciación	wash	lava
purple	morado	watch tv	mirar la televisión
read	leer	well	bien

what do you like to do	qué te gusta hacer
what does _____ mean	qué significa _____
what hurts	qué te duele
what is your _____	cuál es su _____
what is your name	cómo te llamas
what time is it	qué hora es
what	qué
what's up	qué pasa
when	cuándo
where are you from	de dónde eres
which	cuál
white	blanco
who	quién
work in the garden	trabajar en el jardín
wrist	muñeca
yellow	amarillo
yes	sí
yes, I have _____	sí, tengo _____
yes, I like _____	sí, me gusta _____
yes, there is _____	sí, hay _____
you are	eres o estás
you have	tienes
you must _____	hay que _____
you must _____	tienes que _____
you need	necesitas
you need to eat more	necesitas comer _____
you need to rest more	necesitas descansar más
you want	quieres
zero	cero
zip code	zona postal

Glosario: Español - Inglés

a qué hora	at what time	cuánto cuesta/n	how much does it cost
abuela	grandmother	cuarenta	forty
abuelo	grandfather	cuatro	four
aceite	oil	cuchara	spoon
adios	goodbye	cuchillo	knife
agrega	add	cuello	neck
ajo	garlic	cuesta/n _____	it costs ____
amarillo	yellow	de dónde eres	where are you from
anaranjado	orange	de la mañana	in the morning
así así	ok	de la noche	at night
azul	blue	de la tarde	in the afternoon
baila	dance	dedo	finger
baloncesto	basketball	dedo del pie	toe
barbilla	chin	despedidas	goodbyes
beísbol	baseball	dientes	teeth
bien	well	diez	ten
blanco	white	diez y nueve	nineteen
boca	mouth	diez y ocho	eighteen
brazo	arm	diez y seis	sixteen
buenas noches	good evening	diez y siete	seventeen
buenas tardes	good afternoon	dirección	address
buenos días	good morning	dirección de correo electrónico	email address
cabeza	head	doce	twelve
café	brown	dos	two
camina	walk	edad	age
cara	face	eres o estás	you are
catorce	fourteen	espalda	back
cebolla	onion	esposo/a	spouse
cero	zero	estado	state
chico	boy	estar con amigos	spend time with friends
cien / ciento	one hundred	estar con mi familia	be with my family
cinco	five	familia	family
cincuenta	fifty	fecha de nacimiento	date of birth
ciudad	city	frente	forehead
cocinar	cook	fútbol	soccer
codo	elbow	fútbol americano	football
colores	colors	golf	golf
come	eat	gustos	likes
comer	eat	hablas español	do you speak Spanish
comida	food	hablas inglés	do you speak English
cómo	how	hacer ejercicio	exercise
cómo estás	how are you	hasta la vista	until I see you again
cómo se dice _____	how do you say _____	hasta luego	see you later
cómo te llamas	what is your name	hay	there is/are
con permiso	pardon me	hay _____	is there ____
corta	cut	hay que _____	you must ____
cuál	which	hermana	sister
cuál es su _____	what is your _____	hermano	brother
cuándo	when	hermanstra	step-sister
cuánto	how much		

hermanstro	step-brother
hija	daughter
hijastra	step-daughter
hijastro	step-son
hijo	son
hola	hello
hombro	shoulder
hora	time
huele	smell
ir al cine	go to the movies
jugar / mirar	play / watch
labios	lips
lava	wash
le dice	says to him/her
le duele/n _____	his ____ hurts.
le gusta	he/she/you like
leer	read
levántate	stand up
licuadora	blender
lugar de nacimiento	place of birth
madrastra	step-mother
madre	mother
madrina	godmother
mal	not well.
mano	hand
marrón	brown
más o menos	fine
me duele/n _____	my ____ hurts
me gusta	I like
me llamo _____	my name is ____
medianoche	midnight
médico	doctor
mediodía	noon
mezcla	mix
mil	one thousand
mirar la televisión	watch tv
morado	purple
muñeca	wrist
muy bien	very well
muy mal	very badly
nacionalidad	nationality
nada	nothing
naranja	orange
nariz	nose
necesitas	you need
necesitas comer ____	you need to eat more
necesitas descansar más	you need to rest more
necesito	I need
negro	black
nieta	granddaughter
nieto	grandson
no	no
no comprendo/no entiendo	I don't understand

no sé	I don't know
no, no hay _____	no, there is not _____
no, no me gusta ____	no, I do not like _____
no, no tengo _____	no, I do not have _____
nombre	name
noventa	ninety
nueve	nine
número de celular	cell phone number
número de seguro social	social security number
número de teléfono	telephone number
números	numbers
ochenta	eighty
ocho	eight
ojo	eye
once	eleven
oreja	ear
padrastro	step-father
padre	father
padrino	godfather
pan	bread
pardo	brown
parientes	relatives
partes del cuerpo	parts of the body
pelo	hair
pepino	cucumber
perdón	pardon me
pie	foot
pierna	leg
pimiento	pepper
precios	prices
primo/a	cousin
pronunciación	pronunciation
qué	what
qué hora es	what time is it
qué pasa	what's up
qué significa _____	what does _____ mean
qué tál	how are you
qué te duele	what hurts
qué te gusta hacer	what do you like to do
quién	who
quieres	you want
quiero	I want
quince	fifteen
regular	fine
repite, por favor	repeat, please
rodilla	knee
rojo	red
rosado	pink
sal	salt
saludos	greetings
seis	six
sesenta	sixty
setenta	seventy

sí	yes
siéntate	sit down
siete	seven
sobrina	niece
sobrino	nephew
soy de (Puerto Rico)	I'm from (Puerto Rico)
soy o estoy	I am
tazón	bowl
te duele el brazo	does your arm hurt
tengo	I have
tenis	tennis
tía	aunt
tiene	has/have
tienes	you have
tienes _____	do you have _____
tienes que ____	you must _____
tío	uncle
tobillo	ankle
tocar el piano	play piano
todo bien	all is well.
tomate	tomato
trabajar en el jardín	work in the garden
trasero	behind
trece	thirteen
treinta	thirty
tres	three
un poco	a little
un poquito	very little
uno	one
veinte	twenty
verde	green
viajar	travel
vinagre	vinegar
zona postal	zip code

About Pronto Spanish

www.prontospanish.com

At Pronto Spanish, we believe that:

- People can learn another language efficiently and effectively in an enjoyable, relaxed, and low-key atmosphere.

- Communication among people is the key to peace and harmony in neighborhoods, in the workplace and beyond. Language barriers can and should be broken down.

- All people, regardless of national origin, sex, gender, race, orientation or ethnicity, deserve to be treated with respect and dignity and at all times.

To learn more about our products below and online occupational Spanish courses, please visit our website at www.prontospanish.com.

Title	ISBN 13
¡A Conversar! 1 Student Workbook w/Audio CD	978-1-934467-42-8
¡A Conversar! 1 Instructor's Guide	978-0-9777727-1-1
¡A Conversar! 2 Student Workbook w/Audio CD	978-0-9777727-2-8
¡A Conversar! 2 Instructor's Guide	978-0-9777727-3-5
¡A Conversar! 3 Student Workbook w/Audio CD	978-0-9777727-4-2
¡A Conversar! 3 Instructor's Guide	978-0-9777727-5-9
¡A Conversar! 4 Student Workbook w/Audio CD	978-0-9777727-6-6
¡A Conversar! 4 Instructor's Guide	978-0-9777727-7-3
¡A Trabajar! A Guide to Occupational Spanish Student Workbook	978-1-934467-00-8
¡A Trabajar! A Guide to Occupational Spanish Instructor's Guide	978-1-934467-01-5

About the Author

Tara Bradley Williams, founder of **Pronto Spanish** and author of the **¡A Conversar!** series has many years of Spanish teaching experience at the high school and community college levels. Through her teaching, she found that many students simply wanted to learn Spanish in an enjoyable way in order to communicate on a basic level without having to learn grammar rules taught in a traditional academic setting. Pronto Spanish and ¡A Conversar! was created just for these people.

Tara has a BA degree in Spanish and Sociology from St. Norbert College and a MA in Higher Education and Adult Studies from the University of Denver. She has studied Spanish at the Universidad de Ortega y Gasset, in Toledo, Spain and has lived and traveled extensively in Spain and Latin America. Tara currently lives in Wisconsin with her husband and three children.

¡A CONVERSAR! 1 Audio Downloads

Go to www.ProntoSpanish.com to download audio files for the Spanish vocabulary and stories found in ¡A Conversar! Level 1.

1- Introduction

Lección 1
2 - Greetings & Introductions
3 - TPR Phrases
4 - Colors
5 - Stories

Lección 2
6 - Food & Cooking Actions
7 - Numbers 0-9
8 - Story

Lección 3
9 - Parts of the Body
10 - Doctor
11 - Spanish Pronunciation
12 - Story

Lección 4
13 - More Greetings
14 - Likes/Dislikes
15 - Numbers 10-1000
16 - Story

Lección 5
17 - Family
18 - Time
19 - Story

Lección 6
20 - Goodbyes
21 - Prices
22 - Story

Lección 7
23 - What is your....?
24 - Story

Lección 8
25 - Story

Appendix
26 - Months
27 - Seasons
28 - Days of the Week
29 - Date